DECLARATION

DV ROY VERIFIEE AV

Parlement de Touloufe, & Arreft
contradictoirement donné audit
Parlement, portant defenfes aux
Aduocats de faire l'exercice &
fonction de Procureurs poftulans fur les peines portees par ledit
Arreft.

A PARIS,

Par FEDE. MOREL, & P. METTAYER,
Imprimeurs ordinaires du Roy.

M. DC XXIII.

Auec Priuilege de fa Majefté.

(34

OVIS par la grace de Dieu, Roy de France & de Nauarre, A tous ceux qui ces preſentes Lettres verront, Salut. Par noſtre Edict du mois de Feurier mil ſix cens vingt, Nous auons creé & erigé en tiltre d'Office formé, toutes les charges de Procureurs poſtulans en nos Cours de Parlemens, Sieges Preſidiaux, Bailliages, Preuoſtez, Vigueries, & autres Iuſtices Royales : Et ordonné que ceux qui exercent leſdites charges par Commiſſion de noſdites Cours, Seneſchaux, Baillifs & autres Iuges, les pourront continuer leur vie durant, & qu'apres leur decez, il y ſera pourueu par nous & nos predeceſſeurs Roys, ſi mieux ils n'ayment

A ij

ioüir de la faculté de resigner lesdites charges, en payant la finance mode-ree en laquelle ils auront esté taxez pour cet effect. Et d'autant qu'en la Seneschaussee & siege Presidial de Beaucaire & Nismes, & en quelques autres Iurisdictiós estás du ressort de nostre Cour de Parlement de Thou-louse, les Aduocats ont occupé les charges & fonctions desdits Procu-reurs : Et par l'erection desdites char-ges en offices , nous n'auons entendu que lesdits Aduocats desdits Sieges continuét ladite fonctió, estár nostre intétion qu'il y ait esdits Sieges nom-bre suffisant de Procureurs, pour y exercer lesdites charges separément, comme aux autres sieges du ressort de nostre Cour de Parlement de Thou-louse: A CES CAVSES, apres a-uoir mis cet affaire en deliberation en nostre Conseil, où estoient plu-

ieurs Princes, Officiers de noftre
Couronne & notables perfonnes,
De l'aduis d'iceluy, nous en interpre-
tant noftredit Edict, Auons dict, de-
claré & ordonné, difons, declarons
& ordónons par ces prefentes, Vou-
lons, nous plaift, que d'orefnauant il
y ayt audit fiege Prefidial de Beaucaire & Nifmes, le nombre de trente
Procureurs pour exercer lefdites
charges feparément d'auec celles des
Aduocats, pour y eftre par nous pourueu, & aux autres Sieges où il n'y a
point de Procureurs occupans ainfi
qu'aux autres Sieges & Iurifdictions,
où lefdits Procureurs font eftablis
par noftre Edict. Aufquels Aduocats
nous auons faict & faifons tres·ex-
expreffes inhibitions & defenfes de
f'entremettre cy apres en la fonction
defdites charges de Procureurs, à
peine de faux, nullité des actes & des

A iij

deſpens, dommages & intereſts des
parties.   S I donnons en mande-
ment à nos amez & feaux Conſeillers
les gens tenans noſtre Cour de Parlement de Thoulouſe, que ces preſentes ils ayent à faire publier & en-
regiſtrer, ceſſans & faiſans ceſſer tous
troubles & empeſchemens au con-
traire: Car tel eſt noſtre plaiſir, Non-
obſtant quelconques Edicts, Ordon-
nances, Arreſts, Reglemens, Statuts,
Vſage, Lettres, & toutes choſes à ce
contraires: Auſquelles, & aux derogatoires des derogatoires y côtenues,
Nous auons de noſtre pleine puiſ-
ſance & auctorité, derogé & dero-
geons par ceſdites preſentes. Auſquelles en teſmoing de ce, nous a-
uons faict mettre noſtre ſeel.

DONNE' à Thoulouſe le vingtieſ-
me iour de Nouembre, l'an de grace
mil ſix cens vingt-vn. Et de noſtre

regne le douziefme. Signé, LOVIS.
Et fur le reply, Par le Roy, Phelipeaux. Et font feellees du grand feau
de cire iaune fur fimple queüe.

*Les prefentes Lettres ont efté regiftrees
és regiftres de la Cour, fuiuant l'Arreft par
elle donné : A Thouloufe en Parlement le
quinziefme iour du mois de Iuillet mil fix
cens vingt-deux.*

ARREST DE LA COVR
*de Parlement de Thouloufe, portant
verification des fufdites Lettres.*

VEV les Lettres patentes du
Roy données à Thouloufe,
le vingtiefme Nouébre mil
fix cens vingt-vn, Signees au pied,
LOVIS. Et fur le reply, Par le Roy,
Phelipeaux, feellees du grand feau de
cire iaune à fimple queüe :   Par lef-

quelles ledit Seigneur en interpre-
tant l'Edict y mentionné, Declare
& ordonne que d'oresnauant il y aye
au siege Presidial de Beaucaire &
Nismes, le nombre de trente Procureurs, pour exercer leurs charges,
separément d'auec celles des Aduocats, pour y estre par luy pourueu, &
aux autres Seneschaussees où il n'y a
point de Procureurs occupans, ainsi
qu'aux Sieges & Iurisdictions où lesdits Procureurs sont establis par ledit Edict, auec inhibition & defenses ausdits Aduocats de s'entremettre de la fonction desdites charges
de Procureurs, à peine de faux, nullité d'actes, & des despens, dommages & interests des parties : Et ouy
sur ce le Procureur general du Roy,
La Covr a ordonné & ordonne,
que lesdites Lettres seront registrees
au registre de ladite Cour, pour le
contenu

contenu d'icelles estre gardé & ob-
serué selon leur forme & teneur.
Prononcé à Thoulouse en Parlement le quinziesme Iuillet, mil six
cens vingt-deux.

Extraict des Registres des Ordonnan-
ces Royaux, regiſtrees en la Cour de Par-
lement de Thoulouse.
Signé,   *D'APIRA.*

EXTRAICT DES REGISTRES
de Parlement.

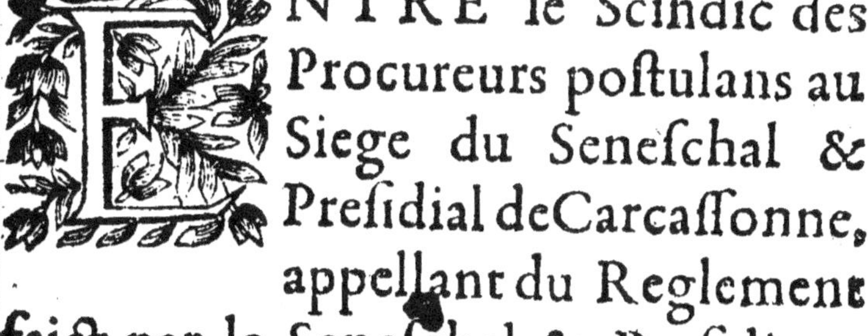
NTRE le Scindic des
Procureurs postulans au
Siege du Seneschal &
Presidial de Carcaſſonne,
appellant du Reglement
faict par le Seneschal & Presidiaux

B

le vingt-vniesme Auril mil six cens
vnze, & autrement suppliant par
deux Requestes des vnziesme May,
& premier Iuin audit an, & impetrāt
lettres Royaux du quatriesme Feurier
mil six cens douze, en opposition enuers l'Arrest de la Cour du vingt-
neufiesme Auril mil six cens, comme
non nommé ny compris en iceluy,
& autres fins contenues esdites Lettres, & defendeur d'vne part : Et le
Scindic des Aduocats audit Siege,
appellé & defendeur ausdites Lettres
& autrement impetrant autres deux
Lettres, les vnes du treziesme d'Aoust
mil six cens vnze, pour estre receus
en opposition enuers les Lettres patentes & Arrests y mentionnez, & les
autres du vingt-septiesme Auril mil
six cens dix-neuf, pour disant droict
en ladite instance estre receu à reque-
rir, partant que besoin seroit l'execu-

…ion des Edicts & Arrests de suppref-
fion des Procureurs portez par iceux,
du moins en remboursant ceux defdits Procureurs qui resteroiét à rem-
bourser du nombre de vingt de l'an-
cienne creation, les autres declarez
supernumeraires & suprimez, Auec
inhibition & defenses de troubler
lesdits Aduocats en l'exercice defdites deux charges, conjoinctement, &
dont ils ont iouy iufques à present:
& neantmoins supplians & deman-
deurs par Requeste du huictiefme du
present mois d'Aoust, en opposition
enuers les Lettres patentes donnees
par fa Majesté à Thouloufe, le 20.
Nouembre dernier mil six cés vingt-
vn, & Arrest de Registre & verification d'icelles du quinziefme Iuillet
dernier, comme tiers non nommé,
ny comprins en icelles: & ce faifant,
fans auoir esgard à icelles, ny à tout

B ij

ce qui s'en est ensuiuy, comme obre-
nues au preiudice de l'instance pen-
dante en la Cour, lesdits Aduocats
soient maintenus en la faculté dont
ils ont tousiours iouy audit Siege,
d'exercer conjoinctement la charge
d'Aduocat & Procureur, & autres
fins contenues esdites Requestes &
Lettres d'autre. VEV le procez, plai-
dé des neufiesme Aoust mil six cens
vnze, quatorziesme Feurier mil six
cens douze, neufiesme Auril & quatriesme Iuin mil six cens dix-neuf, &
vingt-deuxiesme du present mois
d'Aoust. Lettres patentes du feu Roy
Henry IIII. de l'an mil cinq cens
nonante neuf. Arrest de la Cour sur
la verification & registre d'icelles du
vingt-neufiesme Auril mil six cens.
Lettres patentes en forme d'Edict du
Roy Louis à present regnant, du 20.
Nouembre mil six cens vinges vn.

Arrest donné par ladite Cour, sur
la verification & regiftre d'icelles,
du quinziefme Iuillet dernier. Reglement faict par le fiege de Carcaf-
fonne, pour eftre gardé par lefdits
Aduocats & Procureurs, tant au Prefidial qu'en l'ordinaire Iurifdiction
Ciuile & Criminelle : dire par efcrit,
Enfemble les conclufions du Procureur general du Roy, & autres pro-
ductions defdites parties : DICT A
ESTE', que la Cour fans auoir égard
aux Lettres & Requefte dudit Sindic
des Aduocats, interinant celles du
Sindic defdits Procureurs, A decla-
ré & declare iceluy faire bien à rece-
uoir cóme oppofant enuers l'Arreft
de laCour dudit iour vingt-neufief-
me Auril mil fix cens, donné fur la
verification des Lettres patentes de
l'an mil cinq cens nonante-neuf. Et

B iij

ce faifant, a maintenu & maintien
lefdits Procureurs pourueus par le
Roy en leurfdites charges, auec inhibitions & defenfes aufdits Aduocats
dudit Siege, ne leur donner aucun
trouble ny empefchemét, à peine de
quatre mille liures d'amende & autre
arbitraire, conformément aux lettres
de Declaration du vingtiefme Nouébre mil fix cens vingt-vn, & Arreft
de verification d'icelles du quinziefme Iuillet dernier : & difant droict
fur l'appel releué par ledit Sindic des
Procureurs poftulans audit Siege, a
mis & met l'appellation & ce dont a
efté appellé, au neant, & a ordonné
& ordonne que lefdits Aduocats &
Procureurs exerceront leurs charges
feparément, conformemét au Reglement gardé & obferué entre les Aduocats & Procureurs du fiege Prefi-

dial de Thouloufe, & fans defpens, &
pour caufe. Prononcé à Thouloufe
en Parlement, le vingt-feptiefme
Aouft mil fix cens vingt-deux.
Signé, DE MALENFANT.

Collationné aux originaux, par moy Confeiller,
Notaire, Secretaire du Roy & de fes Finan-
ces.